Guia avançado de moedas criptográficas mineiras

Conteúdo

Porquê escolher a mineração de moedas criptográficas? 5

Como são mineradas as moedas criptográficas? 10

O que deve considerar sobre a extracção de moeda criptográfica.....................12

Os dados para medir a rentabilidade da mineração de moedas criptográficas ..15

O papel das calculadoras de rentabilidade 20

Os truques básicos para a mineração de moedas criptográficas 24

Os requisitos para as moedas criptográficas mineiras..27

A detenção de moedas criptográficas cria interesse? 34

Como seleccionar a moeda criptográfica para a mina 37

Tudo sobre uma piscina mineira 40

É lucrativo para mim sozinho ou com outros?...41

O que os mineiros da web representam..45

Tudo o que a mineração de nuvens gera 49

As formas mais populares de minerar as moedas criptográficas........................52

Como obter rendimentos da extracção de moeda criptográfica 55

Quanto é que se pode gerar através da mineração de moedas criptográficas?.57

Como extrair o Ethereum 58

O que precisa para extrair Zcash...71

Os truques para minar Monero através do seu computador 76

A extracção de Bitcoin é difícil? 84

A audácia de tentar ou realizar mais formas de gerar rendimentos através de moedas criptográficas é uma atitude frequente hoje em dia, porque é um produto financeiro mais eficaz do que os tradicionais, graças aos retornos que proporcionam a longo e médio prazo, razão pela qual é uma escolha produtiva em todos os sentidos.

Um salto importante no mundo das moedas criptográficas é a mineração, embora no início represente uma actividade e um conceito difícil de compreender ou medir, pelo que se deve investigar este tópico para quantificar o potencial deste caminho juntamente com todos os factores que estão por detrás dele a nível financeiro.

Porquê escolher a mineração de moedas criptográficas?

Uma base básica que funciona para compreender a extracção de moeda criptográfica é a rentabilidade, porque é um elemento que quando medido mostra que tipo de ferramenta financeira isto representa, para que se possa visualizá-lo como um método viável ou não, e o melhor de tudo é que você mesmo pode analisar a viabilidade desta opção.

No entanto, no mundo das moedas criptográficas, é preciso assumir que não é 100% eficaz, nem representa um grau total de precisão, embora neste caso se possa utilizar calculadoras de moeda criptográfica para estimar o que representa a mineração, desde que se acrescentem critérios que sejam importantes para medir este item.

Para continuar a investigar este meio, é necessário ter em conta cada uma das qualidades das moedas virtuais, uma vez que o número absoluto de moedas criptográficas é um convite para explorar tudo o que está por detrás de cada uma, a fim de optar pelo caminho mais benéfico, que é um ponto-chave para saber como minar e reconhecer a sua rentabilidade.

Felizmente, online pode encontrar diferentes calculadoras que funcionam como um medidor de rentabilidade, embora no final do dia este conceito varie de acordo com cada caso ou de acordo com cada objectivo, mesmo quando se começa a minerar, todos os dias que passam a rentabilidade mudam, e estes pontos podem ajudá-lo a compreender melhor esta alternativa:

1. **O que representam as moedas criptográficas**

Actualmente, as moedas criptográficas são na sua maioria conhecidas como um meio de pagamento virtual, graças ao facto de ser um bem digital que não pode ser tocado, razão pela qual se distingue claramente do sistema financeiro tradicional, sem deixar de lado o facto de as transacções serem realizadas por meio de transferências encriptadas.

Quando se vai a uma loja ou restaurante é possível pagar com tranquilidade com qualquer moeda criptográfica que se possua, isto significa que se trata de uma unidade de pagamento regulada autonomamente, razão pela qual é diferente e não segue quaisquer directrizes de qualquer Banco Central ou entidade governamental sobre o seu controlo.

Este tipo de produto financeiro descentralizado significa que o preço ou o valor não é modificado por nenhum banco, mas os movimentos são susceptíveis de trocas entre pares, pelo que é um valor que não é imposto pelos bancos, pois segue o efeito causado pela lei da oferta e da procura.

É um ecossistema financeiro onde não ocorrem enormes inflações, pelo que o valor que abunda no mercado não é susceptível de manipulação, graças ao facto de serem os utilizadores a gerar estes bens, e é neste ponto conceptual que a figura da mineração actua.

Deve entender-se que não só os utilizadores podem ter controlo total sobre o P2P, mas que o seu papel reside na geração de dinheiro, uma vez que são responsáveis pela criação das moedas criptográficas através da realização do processo de mineração, o que gera uma recompensa em troca.

Por outras palavras, os mineiros podem contar em receber algumas unidades deste tipo de moeda, desde que estejam activos na gestão da mineração para que a moeda criptográfica se mantenha a flutuar, como uma espécie de prémio.

2. A fiabilidade da exploração mineira

A exploração mineira é uma prática legal com um elevado grau de segurança, mas requer algumas considerações, tais como a formação de uma senha forte para que os bens ou moedas criptográficas possam ser salvaguardados, sem deixar de lado que a legalidade se materialize quando ambas as partes geram uma transacção.

Isto significa que a utilização de moedas criptográficas depende de cada utilizador, e depende também do tipo de moeda criptográfica e da vontade de troca de ambas as partes, para que o activo comece a circular através da gestão gerada pelas próprias partes.

3. Moedas criptográficas existentes

Existem muitas moedas criptográficas hoje em dia, pelo que calcular e comparar a rentabilidade de cada uma é um trabalho complexo, e cada uma tem a sua própria distinção para produzir rendimento, pelo que não têm a mesma rentabilidade, o que é um ponto lógico, e faz com que seja uma obrigação aprender qual comprar e qual segurar.

A consulta sobre as moedas criptográficas só é gerada quando se realiza uma pesquisa prévia, seja com as mais populares como Deeponion, Lifecoin, Dash, Dogecoin, Monero e outras, o importante é que se pode pesquisar sobre cada uma delas com a ajuda de alguns portais especializados.

Encontrar um activo que seja rentável é um trabalho ou esforço específico, mas pode ser filtrado ou determinado pelo hardware que possui, uma vez que o equipamento ou ferramentas de mineração não são fáceis de obter e é necessário ir em busca de um activo que seja fiável, ao mesmo tempo que se capta o momento ideal para comprar.

Quando se quer reconhecer qual a moeda criptográfica a comprar, é preciso saber sobre ela e descobrir o máximo possível sobre o bem, mas não se concentrar na sua rentabilidade num dado momento, mas sim no projecto por detrás dela e no que ela implica.

4. A acção das moedas criptográficas mineiras

A mineração de moedas criptográficas é uma forma ou participação na criação de moedas, procurando uma recompensa ou pagamento como ganhar uma proporção das moedas, e pode, portanto, ser descrita como um tipo de recompensa, porque os mineiros podem recebê-las sem a necessidade de comprar a classe do activo.

Sem a necessidade de realizar qualquer operação com moedas criptográficas, pode ser o detentor de moedas criptográficas, razão pela qual a mineração é semelhante independentemente do tipo de moeda criptográfica que escolher, embora, dependendo do seu projecto, o processo varie completamente.

Como são mineradas as moedas criptográficas?

Para efectuar a extracção de moeda criptográfica é necessário efectuar alguns cálculos matemáticos, através da utilização de poder computacional, pois estaria a disponibilizar o seu computador às redes P2P que são responsáveis pela realização dos cálculos, processando assim as transacções até que os blocos sejam selados.

Uma vez feita qualquer transacção de qualquer moeda criptográfica, há uma formação de um bloco, que deve ser selado, para que isso aconteça é importante efectuar cálculos matemáticos por alguns computadores que operam 24 horas por dia, todos os dias com ligação constante e cobrindo o tempo.

O referido processo não pode ser coberto apenas por um computador portátil, quanto mais por um velho computador básico, mas um dos requisitos fundamentais é levar a cabo o processo de mineração com equipamento potente de alta gama, uma vez que o desempenho exigido pelo processo de mineração é elevado.

O equipamento mineiro potente custa em média 1.000 euros, uma vez que requer dispositivos especializados como os ASIC; Circuitos Específicos de Aplicação, que são criados ou concebidos para mineração devido à sua alta potência ou resposta à tarefa.

Neste mundo pode encontrar pessoas que concordam em criar alguma moeda criptográfica, pois é algo possível de fazer através da mineração, seja por pool ou cooperativa, independentemente da modalidade, os participantes trabalham da mesma forma para obter recompensas.

A maior garantia na mineração é que se tiver o poder de trabalhar, poderá encontrar e receber as recompensas que procura, pois é a fórmula através da qual pode resolver um bloco e obter o que deseja, não é um requisito para fazer parte de uma piscina ou criar uma cooperativa para minerar.

A criação de moedas criptográficas também é possível sem fazer parte de uma cooperativa, embora optar por um caminho independente signifique cobrir um custo adicional ou extra, para que todo esse aluguer e o pagamento preciso atinja as margens de lucro.

O que deve considerar sobre a extracção de moeda criptográfica

Para fazer parte da extracção de moeda criptográfica, não se deve ignorar a convicção que é necessária, pois o início pode ser um passo hesitante para qualquer um, mas sem ignorar os requisitos que são estabelecidos dentro deste meio, porque se pode investir para o melhor equipamento e ser decisivo, mas ainda assim a rentabilidade é muito variável.

Cada moeda criptográfica varia o nível de rentabilidade, juntamente com o efeito de outros factores que acabam por ser determinantes para que esta actividade produza resultados, neste sentido destacam-se os seguintes pontos:

- Estimativa do equipamento e custo em combinação.
- A competição que existe sobre a mineração desse tipo de moedas criptográficas.
- O preço da electricidade e o tipo de consumo de energia ao manter uma ligação de 24 horas.
- O processo de mineração deve ter a vantagem do arrefecimento exigido pelo equipamento, bem como do tipo de energia exigida.
- O retorno oferecido pela moeda criptográfica nesse momento.
- O tipo de moeda criptográfica que se deseja extrair varia de uma moeda criptográfica para outra.

Tais factores levantam questões sobre a rentabilidade das moedas criptográficas, mas esta não é uma medida fácil de definir. Requer um estudo aprofundado do momento actual, dos acontecimentos que podem surgir no presente, e é assim que se manifesta o rendimento que se ganha com as moedas criptográficas.

Os gastos energéticos também representam outra medida para se concentrar no quanto se pode ganhar, sem esquecer o nível de investimento que se faz no hardware para realizar os processos de mineração, em todos estes pontos surge uma variável de rentabilidade, mas depende sempre do que se pode investir ou do que é rentável para si.

Para não descurar nenhum aspecto, é essencial utilizar calculadoras específicas, pois funciona como uma ferramenta que processa cada dado, e são estes tipos de critérios que determinam se vale ou não a pena, e ao longo do tempo os custos da luz ou da electricidade também marcam um caminho claro sobre a rentabilidade.

Além disso, deve incluir a questão da refrigeração, e a necessidade de equipamento adicional, para se destacar da concorrência, mas para atingir um nível óptimo de lucro o principal é escolher o tipo de moeda criptográfica que quer extrair, porque não significa a mesma rentabilidade para todos eles.

Da mesma forma, o retorno de uma moeda criptográfica não é o mesmo de um dia para o outro, e o mesmo é válido durante uma semana, razão pela qual as calculadoras são uma forma de descobrir se vale ou não a pena, mas é preciso ter os dados necessários para fazer estes cálculos correctamente.

Se quiser seguir de perto os dados que medem a produtividade, deve proceder a um cálculo manual, para que possa tirar o máximo partido destas ferramentas, como uma boa utilização da informação que tem à sua disposição sobre o desempenho desta actividade mineira, mas sob medidas fiáveis que geram um resultado preciso.

Os dados para medir a rentabilidade da mineração de moedas criptográficas

Quando se pretende medir a rentabilidade precisa da extracção de moeda criptográfica, é necessário trabalhar com dados fiáveis, uma vez que as calculadoras devem obter e trabalhar com o preenchimento dos espaços em branco ou critérios, e compreender que cada moeda criptográfica tem a sua própria rentabilidade, mas o resultado final é que é para si.

No meio da mineração de moeda criptográfica, pode haver utilizadores que ou utilizam um computador totalmente dependente do pagamento de electricidade, porque utilizam o fornecimento de outra pessoa pela qual não têm de pagar, e neste tipo de situação há um maior benefício económico a obter, é um exemplo muito mais claro que mostra como cada detalhe tem um impacto.

Os elementos determinantes para medir a rentabilidade da extracção de moeda criptográfica são os seguintes:

1. **Taxa de haxixe**

Este é um dos elementos mais importantes e determinantes da extracção de moedas criptográficas, é um tipo de taxa de hash que é utilizado para representar a unidade de medida da potência com a qual as moedas criptográficas são processadas, esta é uma das definições mais simples e deve dominá-la completamente.

Este valor funciona como uma indicação da quantidade de operações computacionais que um equipamento mineiro pode realizar, se não souber deste tipo de projecção pode pesquisar online sobre este tópico, para o comparar ou ter em conta o modelo do seu equipamento com o termo "taxa de hash" ou "mineração", para que possa obter ajuda.

2. Quantidade ou procura de electricidade

O tipo de quantidade eléctrica refere-se ao consumo de energia do equipamento que se utiliza para a exploração mineira, considerando que se trata de uma actividade que não pode ser realizada por meio de um computador portátil de gama baixa ou de uma tábua de jogo, mas sim por meio de equipamento que é realmente potente e que produz um elevado consumo de energia.

Além disso, o tipo de sobreaquecimento que ocorre no equipamento significa que se tem de calcular os custos de electricidade, e a consideração de incluir um ar condicionado no espaço para que não haja restrições devido a esta questão.

3. Custo da electricidade

Esta medida depende inteiramente do tipo de taxa que tem de cobrir na propriedade onde vai minar as moedas criptográficas, o valor depende do que consome pois é isto que produz alterações no preço e ao mesmo tempo na produtividade desta actividade, porque é uma acção contínua e varia ao longo dos meses.

O que se paga pela electricidade deve ser incluído na medida de rentabilidade, onde a subida ou descida do consumo acaba por se reflectir no comércio de divisas criptográficas.

4. Custo do hardware

Independentemente de investir uma vez em hardware, ainda conta com o que se gasta ou investe, pelo que o que se gasta neste momento deve também ser medido a longo prazo para determinar a utilidade de cada dispositivo, independentemente de ser um pagamento único ou constante, é uma variante semelhante ao jogo em que a actualização é uma obrigação.

5. Tarifa do pool

A mineração de moedas criptográficas deve ser feita de diferentes maneiras, isto significa que o modo piscina não é o único, mas se optar por esta forma é necessário incluir a taxa da piscina, onde surge uma percentagem a ser coberta, e isto é exigido nos dados da calculadora.

6. Comissão de Software

A taxa de software é outro factor a incluir na calculadora, embora seja utilizada como ponto de comparação, não é um aspecto obrigatório ter um resultado ou uma medida de rentabilidade.

Uma vez que estes elementos possam ser adicionados, qualquer calculadora produzirá automaticamente um resultado, especialmente considerando o tipo de moeda criptográfica que escolheu e o valor que tem, mas dentro destes elementos não deve esquecer a dificuldade desse tipo de mineração, até que seja igualada com a recompensa.

Esta é a forma de ver a rentabilidade de uma moeda digital, e acima de tudo a clareza de preferir outras alternativas que são mais convenientes para aumentar as suas recompensas, dessa forma segue de perto os passos que são mais produtivos ao investir, pelo que é uma vantagem utilizar a calculadora para evitar fazer passos falsos.

Outra razão para estimar a calculadora é que ela permite estabelecer um ponto crítico sobre o tipo de moeda criptográfica que se procura para a mina, ou seja, torna esta decisão totalmente mais fácil, uma vez que se está a obter uma visão próxima e em tempo real do que significa para a mina, bem como as flutuações que a acompanham.

A utilização da calculadora em alguns websites ajuda-o a escolher exactamente o melhor caminho a seguir, porque descobre qual é o mais rentável, desde que preencha os critérios utilizados para medir cada alternativa.

O papel das calculadoras de rentabilidade

Cada website varia no design da calculadora de rentabilidade, mas normalmente fornecem as mesmas funções, desde que tenha o cuidado de não ignorar alguns factores, pois o resultado dependerá sempre da sua compreensão do que está envolvido nas moedas criptográficas da mineração.

Alguns cálculos não recomendam nem incluem o valor do software, embora este seja um aspecto geral que se repete constantemente, e as opções de cálculo são personalizadas de modo a obter a forma mais conveniente, o essencial é que se possa calcular a rentabilidade em tempo real.

Esta forma de comparação é útil especialmente para dar os primeiros passos neste campo, procurando a mineração que produz mais bónus, que ao mesmo tempo pode ser a mais difícil de minerar, pelo que há muitos aspectos sobre os quais se deve pensar com antecedência, sob a análise destas opções:

- **CoinWarz**

É conhecido como um dos websites que gera acesso fácil, porque basta seleccionar o algoritmo, para que tenha a oportunidade de preencher as secções que a calculadora tem, além disso tem sugestões actualizadas sobre as melhores moedas, para que possa ter uma ideia sobre as moedas rentáveis desse momento.

Outro ponto que é classificado neste website, é a magnitude dos rendimentos ou lucros que surgem através da extracção dessa moeda criptográfica, basta clicar em qualquer uma das moedas criptográficas para exibir o gráfico de preços, ou pode simplesmente entrar directamente para o cálculo personalizado dos seus dados.

O mais valioso é que estes resultados geram ou expõem resultados benéficos, para aproveitar qualquer oportunidade, ou decidir com base nas recompensas estimadas, a utilização deste tipo de ferramenta é muito simples, especialmente porque não se limita a ser apenas uma calculadora, mas oferece consultas sobre qualquer moeda criptográfica.

As moedas criptográficas normalmente populares, tais como Litecoin Mining Calculator, Ethereum, Dash, Zcash, Monero e outras, estão listadas no website, basta preencher os critérios e, dependendo da moeda criptográfica, é gerado o cálculo do tipo de rendimentos que pode aceder.

- **CryptoCompare**

É reconhecida como uma das melhores calculadoras de rentabilidade em moeda criptográfica, devido à grande disponibilidade de moedas, através do site principal é possível visualizar diferentes moedas juntamente com o preço, sem deixar de lado que é um portal informativo para a publicação de notícias e dicas.

Esta ferramenta é interessante, porque os dados são apresentados de uma forma confortável e informativa, para que qualquer utilizador os possa reconhecer. Para o fazer, basta ir à secção "mercados", que se encontra no topo do menu, onde se pode introduzir "Calculadora Mineira".

Uma vez que tenha acesso à calculadora, poderá introduzir dados como a potência de hashing, a energia consumida, o custo e também a percentagem da piscina, tudo isto compilado automaticamente para apresentar o resultado até e incluindo a mudança de moedas criptográficas com um único clique no topo.

- **Whattomine**

Reconhecido como um dos websites mais interessantes para fazer um cálculo de rentabilidade, é desenvolvido pela WhatToMine para fornecer opções completas, porque um olhar sobre este website fornece muita informação sobre as moedas criptográficas mais procuradas.

Antes de qualquer ponto de comparação, pode ordenar ou filtrar as moedas criptográficas, até decidir e utilizar a calculadora, para isso pode entrar na web e tocar na moeda em que a estimativa vai ser feita, o que lhe permite ter em conta informações úteis, tais como valores, dados e outras variáveis.

Da mesma forma que a calculadora vai ter medidas tais como taxa de haxixe, energia, custo, e muito mais, estas medidas são as que mostram automaticamente o grau de dificuldade para realizar a exploração mineira, porque o valor e cada detalhe desta actividade conta para verificar que é uma opção promissora a nível financeiro.

A consulta sobre a moeda criptográfica mais recomendada é uma ajuda para si, uma vez que pode investir seguindo esses resultados ou tentar outra que seja mais produtiva, a intenção é que o esforço produza lucros.

- **CoinCalculadores**

É uma plataforma que segue o mesmo funcionamento das anteriores, da mesma forma que incorpora as mesmas funções, onde a sua interface se destaca por ser limpa e eficaz para que qualquer utilizador a possa utilizar, não é necessário ser um perito, para esta alternativa será possível visualizar a informação de qualquer moeda criptográfica.

Os truques básicos para a mineração de moedas criptográficas

A extracção de moeda criptográfica é uma participação conjunta, que facilita a verificação das transacções que têm lugar na rede, funciona como um estímulo à emissão de moedas criptográficas, tudo isto familiarizado com o desenvolvimento de algoritmos, onde se destacam dois algoritmos para a extracção de moeda criptográfica:

1. **Algoritmo de mineração**

É conhecido como algoritmo de hashing, e é expressamente dedicado ao processamento de dados, que requer hardware de mineração baseado na mineração que emprega a moeda criptográfica da sua escolha, especialmente quando utiliza dispositivos ASIC que são desenvolvidos para trabalhar com um único tipo de algoritmo em particular.

2. Algoritmo de consenso

Está relacionado com o acordo que existe sobre todos os membros, ou seja, os nós que surgem numa rede de moeda criptográfica para contribuir para o seu funcionamento, pois levanta o questionamento de transacções que satisfazem determinados critérios de validade, para além da ordem dos blocos na cadeia e outros.

No meio destes algoritmos, emergem algumas características, onde se destaca a questão do consenso, uma vez que deveria ser uma medida popular nas redes de moeda criptográfica, como a prova de trabalho (PoW) e a prova de aposta (PoS).

• O que é necessário com a prova de trabalho

É uma opção em que muito pouco trabalho tem de ser feito, porque não é você mesmo mas o tipo de hardware que decide utilizar para extrair a moeda criptográfica que seleccionou, porque Pow é conhecido como prova de trabalho, o que significa que é um consenso que procura soluções para impor a um enigma através de cálculos matemáticos.

Um mineiro procura obter de forma rápida a resposta ao enigma que é apresentado, dessa forma é possível acrescentar um novo bloco de transacções na cadeia, é interessante porque estas respostas não são fornecidas por dois mineiros, é uma situação que não ocorre regularmente.

O enigma que é dedicado em cada bloco requer uma solução específica para o resolver, isto é produzido aleatoriamente, por isso não é algo que possa ser facilmente previsto, é um mecanismo que impede o duplo gasto de qualquer moeda.

Ou seja, a dupla despesa refere-se ao facto de que uma vez transferida a moeda criptográfica, esta não pode ser transferida de volta para outra pessoa como se não tivesse sido gasta, a resolução do quebra-cabeças de um bloco implica a obtenção da recompensa que este proporciona, mas o desafio está em chegar à resposta antes que outro mineiro o faça.

O hardware precisa de processar grandes quantidades de dados, especialmente a alta velocidade, por isso é essencial que os mineiros tenham um equipamento potente e adequado para a mineração da moeda criptográfica da sua escolha, razão pela qual a prova de trabalho é conhecida como um algoritmo de consenso amplamente utilizado na mineração.

Entre as moedas criptográficas que utilizam este método, destaca-se o Bitcoin, pelo que é necessário dominar este algoritmo para o poder extrair, para além de incorporar algum software especial, existem igualmente outras moedas digitais como o monero, zcash, ethereum e outras, no caso da rede Ethereum este consenso está plenamente desenvolvido, mas funde-se com a prova de participação, razão pela qual se trata de uma oferta híbrida.

Os requisitos para as moedas criptográficas mineiras

A extracção de moeda criptográfica requer primeiro a vontade de aprender, porque é um longo caminho, bem como a incorporação da paciência como um recurso fundamental, concentrando-se depois no tipo de hardware e software necessário, juntamente com a electricidade e a Internet.

Da mesma forma, cada um destes dispositivos requer um sistema de refrigeração, de modo a que cada hardware tenha protecção para o seu funcionamento regular, para além do tipo de espaço onde esta actividade vai ser realizada, o mais importante é considerar os serviços de electricidade e de Internet porque devem ser estáveis.

A exploração mineira precisa de ser consistente, quando qualquer requisito falhar e a actividade for interrompida, não será capaz de obter o lucro esperado, pelo que deve pensar em cobrir os seguintes pontos:

- **O hardware**

A consideração do hardware baseia-se directamente no equipamento de que necessita para extrair a moeda criptográfica que deseja, independentemente de se tratar de hardware genérico, pode incorporar processadores e placas gráficas que lhe permitem dedicar-se à mineração de uma forma especial.

A decisão sobre o tipo de hardware depende do algoritmo de mineração utilizado pela moeda criptográfica seleccionada, porque o algoritmo de mineração destina-se a definir as regras pelas quais a encriptação ocorre e desfaz também a encriptação, a fim de aceder ou salvaguardar a informação.

Isto significa que o algoritmo faz com que a mensagem seja facilmente decifrável ao ponto de serem dados indecifráveis, isto acontece ou é desenvolvido para assegurar que é impossível repetir o mesmo resultado com outro tipo de mensagem, por isso é uma rede que fornece segurança para que nenhuma moeda digital possa ser contrafeita.

No meio do tipo de hardware que um mineiro pode utilizar, e da quantidade de algoritmos que podem ser usados para extrair, pode seguir alguns exemplos como referência para tomar a decisão certa sobre o seu equipamento, no caso do Bitcoin, deve comprar dispositivos ASIC especializados para o algoritmo SHA-256 de mineração.

Da mesma forma, quando se procura minerar Ether, o que se precisa é de uma placa gráfica GPU dedicada, sem negligenciar o uso de um computador que tenha uma fonte de alimentação certificada, e no caso de Monero, um bom processador CPU é suficiente para realizar a mineração.

- **O Software**

Existem diferentes tipos de software ou mais conhecidos como programas informáticos que ajudam a minerar as moedas criptográficas, além de serem uma parte essencial, porque por exemplo, no caso da escolha de Monero, é um programa que facilita o contacto do hardware com a rede à qual a moeda criptográfica pertence para a minerar.

Actualmente, existem diferentes tipos de software que mudam dependendo do tipo de hardware utilizado, e também do tipo de moeda criptográfica a ser extraída, um dos mais distinguidos são o CGMiner e o Claymore, a primeira opção é a mais popular porque é utilizada pelos mineiros de Bitcoin.

Em contraste, a segunda opção como Claymore é utilizada para éter, zcash, e outras minas populares, além disso, é necessário ter um programa para monitorizar o comportamento e as acções do hardware para que possa incorporar as definições ou configurações que vão de mãos dadas com as suas preferências.

Os dispositivos ASIC, tais como o Bitmain's AntMiner, têm normalmente o seu próprio software para configurar e controlar o desempenho do dispositivo, enquanto alguns dispositivos minam através de GPU descarregando software adicional, tal como o MSI Afterburner ou GPU-Z.

A monitorização do desempenho da plataforma mineira é realizada através do website pertencente à piscina mineira onde se encontra, ou pode implementar o programa TeamViewer, para que possa aceder à plataforma remotamente a partir de um dispositivo externo.

- **Carteira ou bolsa**

É um complemento chave porque é utilizado para receber pagamentos quando se minera, normalmente escolhe-se algum hardware ou frio como é o caso de Trezor, KeepKey e outros, bem como algumas aplicações como Coinomi, Jaxx, Wasabi e outras, mas online também é possível graças ao MyCrypto, Blockchain, entre outros.

A função de carteiras frias está disponível através de uma loja que vende este instrumento financeiro, estas são equipamento electrónico de confiança, enquanto que as carteiras de software são descarregadas através das lojas de aplicações que tem no seu dispositivo móvel, quer através da App Store ou da Google Play Store.

Outra opção é preferir o site oficial da carteira, dessa forma obtém-se versões para todos os tipos de dispositivos. No caso das carteiras online, elas não são tão produtivas de acordo com a opinião dos especialistas, porque são vulneráveis a ataques de hackers, e este é também o caso quando se trata de bureaux de change.

Alguns serviços adicionais podem ser utilizados como depositário de fundos em moeda criptográfica, o que ajuda a viver com os riscos de um ataque às plataformas, sendo a intenção que o acesso às moedas criptográficas não seja comprometido.

Quando não se tem chaves privadas da carteira, então não se tem protecção sobre esses fundos, fazendo com que sejam bens expostos a qualquer incidente, razão pela qual é um perigo que não se deve correr.

- **Refrigeração e ar condicionado**

O condicionamento do local não pode ser ignorado, porque o equipamento mineiro requer cuidados especiais com a temperatura, devido ao elevado nível de processamento envolvido, fazendo com que o equipamento mineiro aumente de temperatura.

O risco de sobreaquecimento destes dispositivos é elevado, uma vez que o nível de temperatura pode ser tão elevado que contribui para a deterioração do dispositivo, causando mesmo que este deixe de funcionar. Para evitar chegar a este ponto, a primeira coisa a fazer é investigar o tipo de limite de temperatura que o hardware pode suportar.

Além disso, deve avaliar a temperatura a que o equipamento atinge durante o processo de mineração, de modo a ser mais fácil encontrar um ponto de equilíbrio de mineração, isto é conhecido como um ponto doce, é uma oportunidade para minerar, pois mantém o seu equipamento imune a qualquer sobreaquecimento.

Evitar o sobreaquecimento do equipamento requer alguma consideração. Primeiro, deve pensar no arrefecimento da área onde o equipamento estará localizado, para incorporar aparelhos de ar condicionado, tais como ventiladores ou extractores de calor, o importante é que eles sejam compatíveis com as instalações que vai utilizar.

Por outro lado, a melhor maneira de arrefecer o seu equipamento é através de sistemas de refrigeração líquida, uma vez que é um método eficaz de proporcionar uma manutenção adequada, que em combinação com a refrigeração é uma resposta atempada ao trabalho mineiro, mas também depende da configuração que implementar.

Ou seja, a configuração utilizada para a mineração tem muito a ver com a potência atribuída aos extractores de calor que fazem parte do hardware, para além da potência de processamento é outro factor a ser estimado, por vezes para o bem-estar do dispositivo mineiro, pode ser aconselhável reduzir a potência mineira.

A intenção durante a exploração mineira é manter o equipamento a funcionar durante o maior tempo possível sem interrupção, pelo que deve estar na sua capacidade máxima, sem avarias prematuras que possam ameaçar os seus rendimentos.

A detenção de moedas criptográficas cria interesse?

Ganhar juros de um fundo de moeda criptográfica é possível quando funciona como um protocolo, uma vez que o sistema de recompensa de mineração de moeda criptográfica atribui recompensas aos participantes por acumularem e deterem activos de uma rede escolhida.

O objectivo deste processo é ajudar a validar transacções, e chama-se Proof of Stake (PoS), este protocolo não exige um elevado consumo de energia em termos de validação de transacções, e a geração de novas moedas criptográficas.

A importância de realizar a Prova de Participação é que se obtém um número de moedas criptográficas a acumular, e por esta razão é uma actividade classificada como mineira, se se quiser ser um validador neste tipo de rede com PoS, é necessário ter moedas criptográficas que se possam dispor para esta actividade.

Depois de ter as moedas criptográficas deve bloqueá-las na cadeia de bloqueio, desta forma pode certificar que não utilizará estes fundos para qualquer outro fim que não seja a validação das transacções, também isto é como uma política para que tenha empenho e segurança para manter um bom desempenho na rede.

Se tomar qualquer acção irresponsável ou prejudicial, pode perder todas as moedas digitais, para que a pressão o ajude a agir bem, no caso da selecção do nó validador será adicionado à cadeia de bloqueio seguinte que funciona de forma semi-randomial.

Quanto mais moedas criptográficas designar para este fim, maiores serão as hipóteses de ser escolhido, ou seja, gerará mais dinheiro. A popularidade deste modo de mineração está por detrás da utilização de PdS em moedas criptográficas como Peercoin, PIVX, Lisk e outras, além de ser uma prática mais consciente do ambiente.

Do mesmo modo, em certas redes que empregam PdS, a PdS é também implementada como uma combinação híbrida, como é o caso do Decred ou do Dash, por exemplo, esta é uma referência a ter em conta.

- **Os requisitos para a mineração de moedas criptográficas usando PoS**

A validação das transacções através do PoS não requer um elevado consumo de energia, especialmente quando se procura extrair BTC, ETH e ZEC, no caso de adquirir hardware especializado, não terá de se preocupar porque não o exige, através de um computador de gama regular e um disco rígido que suporte a cópia da cadeia de blocos, mais uma Internet estável que poderá extrair.

Não é necessário gerir um nó inteiro para gerar dinheiro com moedas criptográficas utilizando PoS, e existem piscinas para trabalhar com este tipo de moedas criptográficas, que funcionam de forma semelhante às piscinas de prova de trabalho, porque distribuem os lucros de acordo com o nível de participação de cada participante.

Contudo, pode haver requisitos especiais que são específicos de cada rede, e quando se escolhe uma rede em particular pode haver necessidade de cuidar da manutenção dos nós validadores, embora estas sejam geralmente regras que são criadas para garantir a segurança e a escalabilidade dos títulos, bem como as expectativas por detrás de cada moeda criptográfica.

Através da calculadora de ganhos do StakingRewards.com, pode encontrar algumas aproximações sobre os preços do mercado de moedas criptográficas, ou seja, permite saber quanto vale um nó validador de acordo com as unidades bloqueadas, e isto faz com que saiba o tipo de ganhos a obter numa base anual.

Quando participa num papel de nó validador na rede Qtum, pode encontrar ganhos anuais significativos, mas estes números mudam dependendo do valor das moedas criptográficas com que está a trabalhar, especialmente no meio de um mercado volátil.

Como seleccionar a moeda criptográfica para a mina

Um ponto chave que levanta dúvidas sobre a rentabilidade das moedas criptográficas mineiras é a oferta de cada uma delas, ou seja, como medir o interesse e a produtividade por detrás dela, e isto pode ser medido graças a algumas variáveis chave, como o preço actual da moeda criptográfica no mercado.

Acrescente a isto o custo da electricidade sobre a área onde irá extrair as moedas criptográficas, para não mencionar a potência mineira fornecida pelo hardware que utiliza, cada um destes dados é importante para ter um registo sobre a rentabilidade da extracção dessas moedas criptográficas.

Esse tipo de visão ou estudo pode ser seguido através do WhatToMine e CoinWarz, como apoio neste processo de selecção, para que se sinta confortável e confiante com o retorno que a mineração produz a longo prazo, pode dedicar tempo e estudo à avaliação, para que seja um projecto com o qual se comprometa.

Ao lidar com novas moedas criptográficas, o envolvimento dos comerciantes é crucial, para além da avaliação da segurança e da função de troca eficaz destas moedas criptográficas, é também necessário implementar perspectivas de crescimento do projecto, bem como os possíveis casos de utilização e o funcionamento da cadeia de bloqueio.

O acesso a hardware e software é também um meio vital de mineração, são essenciais e por isso não pode deixar de os estudar, cada uma destas características juntamente com as das moedas criptográficas, ajudam-no a tomar uma decisão clara, só precisa de começar do genérico para o mais específico.

Comece com um livro em branco ou um documento para escrever tudo o que precisa de saber sobre cada moeda criptográfica, pensar ou estudar de um ponto de vista técnico e ético, é aconselhável utilizar um roteiro para marcar os objectivos que deseja alcançar, juntamente com o período de tempo que espera alcançá-los.

No caso do repositório de código para esse projecto; GitHub ou GitLab, juntamente com um website e um conjunto de redes sociais que se dedicam a expor detalhes sobre mineração, com todos os detalhes minuciosos que a acompanham, dessa forma, você vai saber de quaisquer inovações em que os programadores estejam a trabalhar.

Mas os contratempos também se somam, porque isso afecta directamente o valor e as detenções de moedas criptográficas, por isso quanto mais detalhes puder descobrir sobre o projecto de moedas criptográficas, mais poderá visualizar o seu valor.

Tudo sobre uma piscina mineira

Uma piscina mineira é conhecida como um nó que liga um grupo de mineiros de moedas criptográficas, para organizar esta actividade como um esforço de equipa para produzir mais dinheiro, porque funde uma potência mineira significativa, criada à medida do haxixe possuído pelos participantes que habitam a rede, como uma única projecção.

Em vez de se proceder à exploração mineira separadamente, tudo se concentra em redes de moedas criptográficas que operam através de prova de trabalho, empregando este algoritmo, o consenso que exerce de forma diferente, porque os participantes deste tipo de grupos mineiros distribuem o poder de decisão por outro que gere o nó inteiro.

Esta é a forma de ter acesso a essas possibilidades de integrar mais blocos na cadeia até que as recompensas esperadas sejam alcançadas, em ambas as situações como PoW ou PoS, a piscina recebe as recompensas ou percentagens que pertencem ao mineiro, ou seja, uma parte é enquadrada como um saque para distribuir de uma forma equilibrada e equitativa.

É lucrativo para mim sozinho ou com outros?

Normalmente antes de minerar as moedas criptográficas, pode questionar-se se é melhor minerar em grupo ou por conta própria, especialmente para determinar o que é melhor para si a fim de ter recompensas que lhe sejam úteis, e deve levar a sério este tipo de decisão, uma vez que é uma variação do tipo de lucro que a mineração produz.

O que precisa de considerar é que, se quiser extrair moedas criptográficas como Bitcoin por si próprio, precisa de ter o hardware necessário com o poder adequado, bem como esperar pela geração de recompensas num dos lados da cadeia de bloqueio, o que demora mais tempo quando o faz sozinho.

A produtividade do trabalho em conjunto surge porque o poder de um dispositivo mineiro é insuficiente em comparação com o hashrate de toda uma rede, razão pela qual não se pode extrair um satoshi inteiro por si só, e existem várias explorações mineiras de moedas criptográficas que se formam todos os dias onde trabalham como uma equipa de milhares.

Perante esta comparação ou visualização aumenta a importância da possibilidade de formar um grupo mineiro, para competir contra as variantes deste tipo de ambientes, para medir esta premissa pode seguir um exemplo claro com o que são as redes de moedas criptográficas como Bitcoin e Ethereum, uma vez que elas aplicam a prova de trabalho (PoW).

Esse algoritmo de consenso utilizado, é o primeiro nó de mineração a resolver um enigma matemático, imposto pela rede para integrar um novo bloco de transacções, para que passem para a cadeia de bloqueio, que produz uma certa recompensa das moedas criptográficas, no meio desta gestão só pode atingir um único resultado definido para esse enigma.

O que é proposto na rede de moedas criptográficas é que a única forma de obter essa resposta é descoberta e utilizada, pelo que o poder é fundamental para ter a probabilidade de um nó mineiro encontrar soluções para o enigma estabelecido, mas tudo se baseia no poder da mineração, para fazer a diferença com os outros nós mineiros da rede.

Um mineiro com 5% da potência mineira global numa rede tem a capacidade de resolver um maior número de puzzles do que um mineiro com apenas 1% do hashrate total, mas quando mais mineiros se juntam, podem somar até 100% da potência mineira da rede.

Como tem mais probabilidades a seu favor, a mineração torna-se sem dúvida mais rentável, porque cada membro do grupo recebe muito mais do que pode receber se o fizer por si só, esta é uma importante percepção para escolher minerar numa piscina e porque ganha mais popularidade.

Por outro lado, se se encontrar a extrair uma moeda criptográfica como Monero, uma vez que está classificada como anti-ASIC, ou seja, é adequada para a extracção de CPU e GPU, ainda seria insuficiente para extrair por si próprio, uma vez que pode ter pouca potência mineira em comparação com toda a rede, pelo que optar por uma piscina é o mais adequado.

Segundo as estimativas da CoinWarz.com, um jogador com uma GPU AMD-Rx 570 pode passar mais de 2.000 dias para ter o primeiro bloco minado sozinho, ou seja, mais de 5 anos durante este processo, o que pode ser mais ou menos dependente dos valores mostrados pela rede.

Além disso, quando tiver extraído um bloco, receberá a recompensa total das moedas criptográficas extraídas, mas não pode perder de vista o tempo que leva para chegar a esse ponto, razão pela qual se destaca que, através da extracção em piscina, pode receber um nível mais elevado de royalties pelo poder produtivo.

Em alguns casos negativos, o valor das moedas criptográficas pode ser dramaticamente desvalorizado pelo tempo que leva a extrair um bloco, o que pode resultar no facto de não receber nada por participar na rede.

- **A forma de pagamento nas piscinas**

Uma das dúvidas sobre as piscinas é a distribuição de moedas criptográficas minadas, para as quais existem vários métodos de pagamento, geralmente PPS (Pay Per Share), PPLNS (Pay Per Last N Shares) e FPPS (Full Day Per Share), DGM (Double Geometric Method), bem como outras opções adicionais.

Cada opção de pagamento concentra-se em partilhar os lucros igualmente, de acordo com o poder mineiro fornecido por cada participante, embora seja vital notar que a recompensa que pode receber pelos nós mineiros é composta por duas partes, sendo a primeira as novas moedas criptográficas que são emitidas quando um novo bloco é acrescentado à cadeia.

Por outro lado, existem as comissões que surgem por transacção que correspondem ao mesmo bloco, mas dependendo do tipo de administradores do pool, podem impor como condição para manter o produto das comissões e é responsável pela distribuição das novas moedas criptográficas geradas para os trabalhadores.

Os administradores do pool cobram aos membros uma percentagem do que extraíram, esta é frequentemente outra forma de manter uma taxa de participação dentro do grupo, de modo a que a manutenção possa ser implementada para o pool, razão pela qual a exploração mineira num pool continua a ser uma alternativa viável.

Para começar no mundo da mineração, esta é uma opção que está a ganhar ímpeto, uma vez que não precisa de investir tanto para o equipamento, pois a mineração por si só requer mais poder para ser um caminho rentável, tudo é relativo ou proporcional ao hashrate total da rede, o que exige uma margem de investimento considerável.

O que os mineiros da web representam

Este é um tipo de software que é instalado sobre a base de código de um website, isto faz com que os computadores do visitante sejam capazes de extrair moedas criptográficas, a instalação deste tipo de software pode ser realizada pelo administrador do website ou por um atacante que possa invadir o website.

Por vezes os mineiros da web são classificados como malware, porque o software não emite qualquer tipo de permissão, mas apenas executa, mas este não é o objectivo do programa, mas faz parte da responsabilidade do instalador, porque pode incluir algum aviso para pedir autorização antes de ser activado.

Os mineiros da Web são empregados como um tipo de poder, mas requerem um elevado nível de responsabilidade, para que as suas funções sejam justas e possam ser exploradas por qualquer utilizador em linha, mas isto não isenta que possa ser gerada alguma utilização inadequada nos mineiros da Web.

Uma forma fraudulenta de utilizar esta alternativa é instalá-la através da base de código de um website, permitindo assim que a exploração mineira seja realizada no computador de todos os que frequentam o site até que as recompensas pela exploração mineira sejam obtidas, mas é ilegal levar a cabo este processo sem autorização e encaixa como um esquema.

Da mesma forma, quando tal programa funciona sem aviso prévio, coloca uma maior procura de energia nos computadores dos utilizadores que acedem ao website, porque a extracção de moeda criptográfica coloca elevadas exigências ao desempenho do CPU, especialmente em computadores que não são concebidos para o suportar.

Por esta razão, alguns computadores podem começar a trabalhar mais lentamente, e em alguns smartphones isto causa sérios danos no seu desempenho, uma vez que a expansão térmica utilizada pela mineração pode exceder as características habituais do dispositivo.

Estes estragos maliciosos, contudo, não representam a funcionalidade total deste software, porque os mineiros da web são utilizados para alguns objectivos certos ou positivos, uma vez que são registadas algumas iniciativas que, se pedirem permissão para extrair minas através do seu computador quando estiver a visitar o website, por alguma causa caridosa.

Da mesma forma, em alguns websites tem a oportunidade de escolher a quantidade de poder de processamento que deseja doar para não sobrecarregar a CPU durante a exploração mineira, ao mesmo tempo que a exploração mineira na web é utilizada como recurso para assinaturas pagas juntamente com publicidade no website.

Neste último caso, é o mesmo com iniciativas caritativas, porque o utilizador tem a vantagem de emitir ou não a autorização para que o poder de processamento possa ou não ser utilizado para a exploração mineira, mas corresponde a um modelo empresarial que está em pleno desenvolvimento.

- **O tipo de moedas criptográficas que se pode extrair com um mineiro da web**

Normalmente sobre os mineiros da web, utiliza-se a moeda criptográfica Monero, porque é um activo que pode ser minado pela CPU como uma forma muito mais rentável, especialmente quando se obtém uma quantidade positiva de computadores para adicionar a este propósito.

Além disso, outra razão para escolher esta moeda criptográfica é o seu projecto, uma vez que corresponde a um activo que se dedica a assegurar a privacidade das transacções, isto é importante para a maioria dos utilizadores, uma vez que com este software não serão rastreados nem passarão um momento vulnerável com a sua segurança.

Tudo o que a mineração de nuvens gera

Este é um serviço onde pode alugar a energia mineira, para que possa receber as recompensas que gerou, pode ser entendido sob a acção de realizar mineração, mas da mão de um terceiro, mas desta vez é uma plataforma que oferece uma parte da energia minada.

Mas esta rota esconde uma variedade de questões como a rentabilidade, e se não for melhor usar os seus próprios meios para minerar usando o seu próprio hardware, para responder a estas questões precisa de ter em conta os mesmos factores que têm a ver com a rentabilidade da mineração tradicional de moeda criptográfica.

Isto significa que a rentabilidade da mineração por si só e através da nuvem é semelhante, mas há o risco de ser enganado por investir na mineração de nuvens, o que não é o caso quando se ministra por si só, mas a vantagem sobre a mineração de nuvens é que não tem de investir em todo o equipamento necessário.

Em vez de comprar equipamento mineiro, desta forma não tem de se preocupar com electricidade, sistemas de refrigeração e outras variáveis semelhantes, pelo que não tem de se preocupar com manutenção e cuidados de hardware.

Mas uma desvantagem a considerar é que se trata de um esquema em que o risco de fraude é elevado, porque a energia mineira utilizada e fornecida pelas plataformas provém de explorações agrícolas que fazem parte das empresas e, portanto, é complicado verificar se cumprem toda a energia mineira que geram.

Além disso, alguns contratos têm cláusulas sobre o cancelamento do serviço, no caso de os preços crypto-asset no mercado não serem benéficos para eles, esta é uma lacuna arriscada para qualquer um, e é impossível de ignorar, isto gera interesse em discutir o medo do esquema.

Normalmente o que é mais debatido neste tipo de investimento é a segurança e a fiabilidade, para responder a isto é vital que analise os antecedentes da plataforma de mineração em que vai investir, porque é um modelo de negócio que emerge como uma inovação no ambiente mineiro.

A verdade é que existem alguns casos de esquemas latentes, pelo que a reputação deste modelo de negócio pode ser manchada, mas não se pode omitir o número de plataformas que oferecem este tipo de serviço, onde o nível de confiança que possuem é demonstrado pelo seu funcionamento impecável.

No meio do ecossistema desta plataforma e dos seus utilizadores pode decidir por este tipo de empresas, uma das primeiras dedicadas a este propósito é a CEXio, mas a mais popular é a Genesis Mining, neste mundo um modelo de negócio semelhante à mineração em nuvem, onde a energia mineira não é alugada a uma empresa mas sim a outros mineiros.

Estas plataformas funcionam como intermediários para os utilizadores que querem adquirir o poder de processamento, e outros que procuram vendê-lo, isto mostra quantas pessoas existem que querem extrair moedas criptográficas, mas não têm os recursos necessários para atingir este objectivo, porque a aquisição de hardware de mineração é elevada.

Por outro lado, outras pessoas têm equipamento mineiro de última geração, mas não são muito atraídas pela mineração, razão pela qual plataformas como NiceHash e Mining Rig Rentails fornecem ou criam um mercado de hashrate, apresentando assim uma elevada compatibilidade entre as necessidades dos dois grupos de pessoas acima mencionados.

A principal vantagem destes meios de comunicação é que são plataformas que não têm um hashrate próprio, e o melhor é que se pode avaliar antecipadamente a reputação e o feedback da comunidade mineira.

As formas mais populares de minerar as moedas criptográficas

Quando se minam moedas criptográficas, é necessário reconhecer certos aspectos básicos, como tem sido mencionado repetidamente, o ponto chave de toda esta dinâmica é a tecnologia da cadeia de bloqueio, pois é ela que facilita a compreensão da composição deste mercado, que à primeira vista pode ser complicado de entender ou dominar.

A realidade deste processo é que exige o domínio da informação, porque aprender a extrair é uma fase progressiva, em que o utilizador contribui para a descentralização deste tipo de bens, uma vez que a extracção mineira se baseia na verificação das transacções que são realizadas com as moedas para que estas entrem no livro-razão digital conhecido como blockchain.

Esta razão é gerida na cadeia de bloqueio como uma base de dados, que tem a qualidade de ser encriptada e é modificada graças a um hash criptográfico, ou seja, o cálculo que é implementado para encriptar cada bloco, e é também um meio incorruptível, uma vez que a base de dados não pode ser alterada.

Não se deve esquecer que o ambiente criptográfico é descentralizado, onde as pessoas que se dedicam a registar este tipo de operações na rede da cadeia de bloqueio são chamadas mineiros, uma vez que são eles que fazem anotações na base de dados da cadeia de bloqueio.

Para cumprir a função principal dos mineiros, é implementado um poder computacional para resolver alguns algoritmos que encriptam os blocos e transcrevem as transacções nestes blocos, este poder computacional ajuda a determinar o hash criptográfico, este é um cálculo que procura encriptar as operações para que não sejam manipuladas.

Como este poder computacional é emprestado, cada mineiro será recompensado com moedas criptográficas provenientes da rede da cadeia de bloqueio que é responsável por manter em funcionamento, das seguintes formas:

1. Mineração de moedas criptográficas com cartões de vídeo-GPU

É reconhecido como o primeiro tipo de mineração, e o seu desenvolvimento foi impulsionado pela necessidade de minerar Bitcoins, os mineiros da GPU dedicam-se a utilizar o poder computacional das placas gráficas de vídeo para resolver problemas computacionais que surgem na rede.

Mas quando a potência computacional não está disponível, como é o caso das redes de blocos de minas GPU, é necessária ou exigida mais potência para uma exploração mineira bem sucedida.

2. Mineração de moedas criptográficas com máquinas ASIC

Uma máquina ASIC, refere-se a um Circuito Integrado Específico de Aplicação", a criação destes tem sido especialmente para a mineração de moedas criptográficas, por essa razão têm um maior poder de computação em comparação com as placas de vídeo, também à medida que o tempo passou essa potência tem vindo a crescer.

Isto significa que o nível de dificuldade crescente da exploração mineira em redes de cadeias de blocos é compatível com este tipo de equipamento, e até hoje o equipamento ASIC continua a ser utilizado para mineração de moedas criptográficas, especialmente Bitcoin.

Como obter rendimentos da extracção de moeda criptográfica

Surgem dúvidas sobre a forma como o dinheiro é ganho na extracção de moeda criptográfica, porque nem todos os participantes podem ganhar recompensas, pelo que o primeiro passo é trabalhar com alguns logaritmos específicos do activo, no caso do Bitcoin a Prova de Trabalho deve ser utilizada.

O que precisa de saber é que a rede de cadeias de bloqueio recompensa os mineiros que criam uma cadeia de bloqueio válida e longa, chamada "Block Reward", para cobrir a participação do utilizador na rede para a manter a funcionar honestamente.

Uma cadeia longa e funcional requer um nível mais elevado de poder computacional, pelo que a rede procura gerar Bitcoin e proporcionar as recompensas correspondentes, a este esforço junta-se o nível de competição que pode surgir para gerar o bloco mais longo, e para isso é necessário ter o desempenho de uma exploração mineira ou fazer parte de uma piscina.

O poder computacional em conjunto, gera melhores resultados, é também mais económico porque o investimento é reduzido, pelo que quando se planeia extrair qualquer moeda criptográfica é necessário medir o nível de investimento para se conseguir ter esse poder computacional, que é necessário para competir com outros equipamentos de alto consumo que fazem parte da rede.

Considerar ser um mineiro numa rede em cadeia, é compreender que isto tem um custo particular que deve cobrir para entrar, isto refere-se antes de mais ao equipamento informático ligado à rede, sem deixar de lado a quantidade de recursos consumidos por estes dispositivos, para a energia necessária 24 horas por dia todos os dias.

Por outro lado, o sistema de arrefecimento é uma necessidade porque o equipamento está ligado durante muito tempo, o que por sua vez aumenta o consumo de energia do sistema de arrefecimento, o que é uma razão clara para a criação de explorações mineiras, especialmente para evitar o custo da electricidade em locais onde esta é gratuita.

O lado especial desta actividade deve-se ao equipamento mineiro, que tem um custo mínimo de 395 dólares e um máximo de 1.316 dólares, embora a isto se acrescente o valor da fonte de alimentação, onde também não se deve poupar nenhuma despesa, uma vez que se trata de uma peça de equipamento importante.

Quanto é que se pode gerar através da mineração de moedas criptográficas?

Nos cálculos dos lucros mineiros em moeda criptográfica, é vital acrescentar ou considerar o que representa investir num equipamento mineiro, uma vez que são recursos fundamentais para esta actividade, mas modificam a rentabilidade desta actividade em alguns casos, e para gerar mais dinheiro, deve-se pensar em investir no início.

Para medir os resultados ou incidências da rentabilidade, deve seguir os conselhos dados no início, tais como a utilização de calculadoras, depois disso pode combinar o seu desempenho e a frequência com que irá extrair, mas as quantidades de moedas criptográficas não são exactas.

Ao longo do tempo que a exploração mineira é gerida, muitas variáveis podem mudar, especialmente as relacionadas com a própria moeda criptográfica, por outro lado, a estimativa é apresentada num valor bruto, mas o custo do consumo de electricidade e as opções para manter o equipamento a funcionar durante mais tempo com um arrefecimento adequado devem ainda ser reduzidas.

Como extrair o Ethereum

Não importa se não tiver conhecimentos suficientes, pode descobrir em detalhe o que representa a exploração mineira Ethereum, para isso deve estar consciente das características chave por detrás desta moeda criptográfica e sobre os poderes mineiros, neste caso é um bem que data de 2015.

Ethereum é definido como uma plataforma de software totalmente descentralizada, e é mais do que apenas uma plataforma, uma vez que possui e implementa uma linguagem de programação, ou seja, Turing complete, o que significa que corre através de uma cadeia de bloqueio, para prestar assistência aos programadores na utilização de Contratos Inteligentes e aplicações distribuídas (Dapp).

Através deste tipo de plataforma procura-se que as fraudes sejam postas de lado, sem tempo de paragem ou controlo por terceiros, Ether é conhecido como a moeda criptográfica que utiliza a plataforma Ethereum, é conhecido como um símbolo que permite o pagamento de taxas de transacção e alguns custos de cálculo.

O poder do Éter cresceu, ao ponto de ser uma das segundas moedas digitais mais importantes depois da Bitcoin, razão pela qual os criadores utilizam contratos inteligentes para poderem receber, armazenar e enviar o Éter também a outros criadores.

Isto significa que o éter é uma motivação para os criadores criarem e fornecerem melhores aplicações para a plataforma Ethereum, e quando se trata de pagamentos, este é o caminho a seguir.

- **Iniciar a mineração Ethereum**

A mineração de etéreo é simples, pelo que ganha um maior nível de relevância, mas o básico é saber como este tipo de mineração funciona, mas segue a mesma dinâmica da mineração de Bitcoin onde as equações matemáticas são resolvidas através de hardware que é ideal para este fim.

A participação de mineiros de todo o mundo no Ethereum é um facto notório, e útil para a rede porque são pessoas que investem o seu tempo na resolução de complexos puzzles matemáticos, quando obtêm as respostas sobre tal problema criptográfico os mineiros podem integrar os blocos nas cadeias de blocos Ethereum.

Esta é a dinâmica central para obter as recompensas que procura, uma vez que o mineiro resolva uma equação, pode contar com a obtenção de 2 ETH para cada bloco, isto deve incluir alguma taxa de transacção adicionada a esse bloco, mas só é possível criar o montante de 18 milhões de novos ETH por ano.

Não há limite para o número total de fichas que podem ser emitidas, mas Bitcoin tem um número finito de fichas, razão pela qual existem diferentes formas de extrair ETH, tais como as seguintes:

1. Mineração a solo, que se baseia na mineração privada a solo.
2. Ser parte de uma piscina mineira ETH.
3. Mineração de nuvens.
4. Construa a sua própria piscina mineira.

No caso desta última opção, que tem sido descrita como tendo um elevado nível de concorrência, trata-se de um tipo de mineração que requer investimento para a extracção de uma quantidade realmente significativa.

- **Etéreo mineiro através de hardware específico**

No caso do equipamento de mineração Ethereum ou plataforma mineira, é uma máquina que obedece a um desenho especial para extrair este tipo de moeda criptográfica, as plataformas mineiras são descritas como um conjunto de equipamento constituído por uma fonte de alimentação, placa mãe, GPU ou placa gráfica e um dispositivo de arrefecimento.

Em geral, o Ethereum pode ser extraído usando CPUs e também GPUs, as plataformas de mineração CPU têm um processador CPU para implementar algoritmos complicados para encontrar soluções para os blocos que fazem parte da cadeia de blocos, as plataformas de mineração CPU são as mais populares para os mineiros.

A paixão pelas plataformas mineiras baseia-se no facto de serem mais baratas e fáceis de utilizar, basta ter um computador, mas a desvantagem é que é uma forma muito mais lenta de trabalhar, para que se possa aprender e considerar como extrair etéreo através de hardware especial ou GPU.

Uma unidade de processamento gráfico ajuda os mineiros a gerar um nível mais elevado de potência de precipitação, no caso de plataformas de mineração GPU aplicar placas gráficas que não executam algoritmos semelhantes a CPU, mas pelo menos conseguem completar os processos de mineração através de redes fechadas.

As plataformas mineiras GPU operam a um nível superior ao das plataformas mineiras CPU, mas a única coisa a considerar é que são muito caras, e esse tipo de qualidade de desempenho pode atingir os milhares de euros.

É por este raciocínio económico que eles escolhem a alternativa mais barata, no entanto, isto afecta o desempenho porque a exploração mineira requer hardware especializado para se obter lucro, mesmo que isso signifique enfrentar alguns custos operacionais.

Os melhores modelos de hardware para a mineração Ethereum são os seguintes:

1. Radeon RX 5700 XT

O Radeon RX 5700 XT com uma inclusão de tripla dissipação, é um dos melhores cartões para aqueles que querem ser mineiros de ETH, porque permite cumprir uma medida de 660 Mega Hash, também utiliza até 68w por cartão, o que chega a 0,16 euros por dia, o que representa um custo estimado em 400 e 500 euros.

2. Nvidia GeForce GTX 1070

A Nvidia Geforce GTX 1070 é reconhecida como uma das placas gráficas mais populares, especialmente para os jogadores, mas também trabalha para desenvolver a mineração, razão pela qual é uma alternativa a considerar para a mineração desta moeda criptográfica.

A principal qualidade é que é capaz de fornecer uma taxa de precipitação muito elevada, sem necessitar de grandes quantidades de electricidade.

3. Nvidia GeForce GTX 1660 Ti

Uma escolha favorita porque mina até 30,5 Mega Hash por cartão, exige um total de 68w, e custa menos de 200 euros, este é um cartão que vale a popularidade da marca, bem como o poder que ela representa para uma NVIDIA por um custo mais baixo.

- **Como extrair Ethereum a partir de um PC**

Se quiser extrair minas do seu próprio computador, sem sair de casa, esta é uma possibilidade que pode aproveitar através dos seguintes passos:

1. Para extrair Ethereum em Windows, é necessário ter pelo menos Windows 7 64-bit ou posterior.
2. A exploração mineira requer um PC com 4 GB de memória GPU, mais um mínimo de 4 GB de RAM do sistema, mais a estabilidade da ligação à Internet, de modo a não perder energia quando se está a explorar minério.
3. A instalação da versão actual dos drivers da sua GPU deve ser realizada.
4. Descarregar o software necessário para realizar a função de mineração, para isso existem muitos programas de mineração Ethereum.
5. Modificar as definições do Windows, tais como o tamanho da memória virtual para uma medida de 16,384 MB, depois ir para as definições de energia do Windows, para que possa desactivar o modo de repouso. Depois de o ter feito, pode ir às definições do Windows Update e desligá-lo, porque se utilizar o Windows Defender e um antivírus, pode interferir

com o programa de mineração classificando-o como uma ameaça.
6. Seleccione uma piscina mineira que corresponda às suas preferências.
7. Altere o ficheiro .bat do programa de mineração de acordo com as instruções que recebeu na piscina de mineração seleccionada.
8. Crie e monte uma carteira para guardar os éteres que ganha.

Para cada sistema operativo existem passos específicos que adaptam o computador ao processo de mineração, basta compreender a forma especial de gerir esse tipo de sistema, como por exemplo com um Mac.

- **Etéreo mineiro com Mac**

A comunidade mineira não tem empatia com a utilização de um Mac para mineração, uma vez que pode não ser uma escolha válida, porque o software de mineração mais eficaz para Ethereum não tem uma versão disponível para este tipo de sistema operativo, mas a Interface Gráfica de Utilizador (GUI) como o Minergate pode ser utilizada.

No caso de utilizar Minergate como substituto, pode implementar os seguintes passos:

1. Descarregar o software a partir do sítio Minergate.
2. Inscreva-se para obter uma conta.
3. Inicie a sessão no software utilizando a conta que criou.
4. Iniciar a extracção de Ethereum.
5. Embora a mineração não esteja disponível para utilização em Mac.

Dadas as limitações deste sistema operacional, não é o caminho a seguir para fazer parte do mundo mineiro.

- **Software para minerar Ethereum**

A lista de software para a mina Ethereum é útil para esclarecer e tomar o caminho mais adequado, mas acima de tudo o melhor em termos de desempenho, pode consultar o seguinte:

1. **Claymore**

É compatível com os sistemas operativos Windows e Linux, sem deixar de lado que é um dos melhores para mineração no Windows 10 acima de tudo, mas ainda é um programa eficaz para mineração, porque tem o dobro do mineiro Ethereum que facilita a extracção de moedas criptográficas com algoritmos sem diminuir a taxa de hash.

A principal qualidade do Claymore é que permite a mineração de outras moedas criptográficas para além do Ethereum, a comissão de mineração é fixada em 1%, no caso de selecção de dupla mineração, a comissão aumenta para 2%, e o processo de descarga é simples.

2. Ethminer

É um software bem conhecido para a exploração mineira Ethash GPU, o que facilita a extracção de todas as moedas criptográficas sujeitas ao algoritmo Ethash (Ethereum, Ethereum Classic, Expanse, Musecoin e outros), e tem também uma ampla compatibilidade com Mac, Windows e Linux.

Tem um desenho especial para trabalhar com placas gráficas Nvidia, e permanece no topo das melhores classificações do software de mineração Ethereum para Windows 7 e Nvidia.

3. MinerGate

É considerado como um dos melhores softwares para proprietários de minas Ethereum para Mac, também oferece aos mineiros a possibilidade de extrair BTC, Monero, Zcash, Litecoin, e outras fichas em cima do Ethereum, as funcionalidades têm uma comissão que varia de 1% a 1,5% dependendo da moeda digital.

O manuseio deste software é simples, porque é útil para qualquer novato começar no mundo da mineração, além disso, tem as opções traduzidas em diferentes línguas.

4. CGMiner

O CGMiner é considerado como um software de mineração Ethereum que cumpre acções básicas e livres, está escrito em C++, pelo que se adapta à maioria das plataformas, através de uma interface simples para assumir o controlo, isto faz com que possa funcionar através de diferentes piscinas e dispositivos mineiros.

A interface para os utilizadores e a adaptação dos comandos não gera problemas, tem também acessórios como a calculadora de mineração Ethereum, que é uma ajuda para gerir e controlar a taxa de hash, ou seja, cada dado que lhe interessa está na ponta dos dedos.

O desenho que o CGMiner tem é baseado no software Ethereum Mining Pool, é implementado no GPU como uma espécie de vantagem para os principiantes crescerem neste meio, só precisam de introduzir o nome de utilizador, URL, palavra-passe e escolher o pool mineiro, com o hardware do computador que é aplicado automaticamente.

5. Geth

É um desenvolvimento da equipa Ethereum, é considerado como um dos mineiros originais, porque é o que permite transferir os fundos em diferentes direcções, mostrar o histórico do bloco e gerar os contratos, é compatível ou funcional com Windows e Mac.

6. Mineiro de Phoenix

Refere-se a um programa de mineração Ethereum com uma curta história, mas ao mesmo tempo inovador porque a sua última versão apresenta duplo suporte de mineração, o que torna a mineração simultânea entre Ethereum e Ubiq uma realidade.

As formas de extrair Ethereum mencionam o caminho das piscinas, o que para muitos representa uma enorme quantidade de dúvidas que podem ser resolvidas através dos seguintes detalhes discutidos:

- **Etéreo mineiro com piscinas**

Com base no número absoluto de mineiros concentrados em fichas ETH, torna-se uma actividade mais complexa, especialmente para alcançar a recompensa que é fornecida por um bloco minado, o que permite a cada mineiro ter uma baixa probabilidade de resolver uma equação e obter a recompensa.

Esta é a principal motivação de muitas pessoas para seleccionar uma piscina mineira, que é um grupo de mineiros que se dedicam a partilhar esforços, para terem recompensas igualmente distribuídas resultantes da actividade mineira em moeda criptográfica.

Através de um pool mineiro pode encontrar um servidor que partilha uma equação matemática, numa operação menor a ser distribuída entre os computadores participantes, uma vez que os utilizadores que estão ligados resolvem um bloco em conjunto, a recompensa é distribuída proporcionalmente, com base no poder contribuído por cada utilizador.

Através de poolwatch.io são publicadas as melhores piscinas mineiras, onde se destacam Sparkpool, Ethermine, F2Pool, SpiderPool, e Nanopool, o importante é que pode escolher uma piscina mineira Ethereum que possui um nível atractivo de haxixe de piscina, reputação da piscina, e taxa de comissão.

No entanto, não se pode ignorar que existem muitas maneiras de explorar o Ethereum, estas não são as únicas, e poderá encontrar uma alternativa onde seja mais rápido obter a ficha.

O que precisa para extrair Zcash

Os requisitos gerais para a criação de um sistema de mineração Zcash, aconselha a considerar a utilização de gráficos AMD ou gráficos NVIDIA, uma vez que é um hardware reconhecido e recomendado para o tipo de sistema por detrás da moeda criptográfica, isto é útil de saber devido à popularidade da mineração da moeda criptográfica.

Mas o primeiro passo para tomar qualquer decisão ou preferência é não desconhecer o que é necessário, para que se possa ter uma plataforma mineira, mas isto acontece quando se montam os componentes necessários, isto pode ser visto como um passo mínimo para se concentrar no que é necessário para extrair Zcash e analisar a rentabilidade.

1. **Placa base**

A placa-mãe é o ponto crítico para a mineração de moedas criptográficas, pelo que deve ser seleccionada pensando na importância que tem, para isso deve ter em conta que antes de seleccionar a placa-mãe deve saber o número de placas gráficas que vai instalar e com base nesse número a placa-mãe é escolhida.

Uma das mais notáveis é o Biostar TB250-BTC que é utilizado para seis placas gráficas e tem um preço de cerca de 90 euros, enquanto que o Biostar TB250-BTC PRO foi concebido para doze placas gráficas e custa 250 euros, pelo que, dependendo da sua capacidade, pode olhar para uma de cada vez ou procurar outras no mercado.

Actualmente, estas placas-mãe são concebidas apenas para processadores Intel.

2. Processador

O processador corresponde a uma alternativa acessível, porque não precisa de um processador muito sofisticado, usando o mais simples Intel Core i3 é suficiente, por meio do Core i3 6100 pode começar a mineração e é um dos mais escolhidos porque o seu valor médio é de 100 euros com dissipador de calor.

O tamanho do processador é suficiente, uma vez que o processador não é exigido para transportar tantas cargas, mas todo o desempenho da carga mineira tem muito a ver com os gráficos, embora se deva ter em conta que não existe uma placa-mãe para a mineração que seja feita em processadores AMD, pelo que não são uma opção.

3. Memória RAM

Neste ponto a decisão pode variar, desde que se possa partir do tamanho mínimo de 4GB de memória RAM, uma vez que é um tamanho suficiente para este tipo de sistema, também se pode preferir um ou dois módulos, mas é melhor optar pela segunda opção para ter definições de Canal Duplo.

É aconselhável ter em mente a compra de memória que tenha o dissipador de calor incluído, uma vez que melhora o desempenho da memória, e se quiser dispor do sistema mais tarde, são mais procurados quando os vende em segunda mão, mas é aconselhável investir em DDR4 RAM.

4. Armazenamento

O campo ou o que se refere ao disco rígido, é sempre melhor optar por um SSD que tenha um custo de 60 a 65 euros, da mesma forma que se pode pensar em SATA como M.2 SSD

120GB, isto é suficiente para que em qualquer altura que decida reformar-se, possa vender o dispositivo sem problemas.

O desempenho máximo pode ser obtido seleccionando um disco rígido mecânico de 500GB ou 1TB, dependendo do que mais lhe interessa, e em qualquer caso pode dividi-lo e configurar um servidor Storjcoin para recuperar o seu investimento.

5. **Fornecimento de energia**

Este é um dos pontos que pode representar um custo mais elevado, mas é inferior ao investimento a ser feito numa placa gráfica, neste momento pode investir até 200 euros por uma que tenha certificação 80Plus Gold, juntamente com uma potência mínima de 1000w, no caso de ter seis placas gráficas, necessitará de duas fontes de alimentação.

A Revolução Enermax 87 1000w está estimada em 180 euros, e é uma das mais populares para a mineração, além disso há a Chieftec Nativas 1250w que tem um preço de 230 euros, ambas suportam três placas gráficas.

6. **Cartão gráfico**

É um elemento chave para a mineração, se por exemplo estiver interessado no Ethereum, pode preferir placas gráficas

AMD, especialmente a RX 570/580, mas a rentabilidade desta opção ainda não está comprovada, por outro lado, a mineração Zcash é muito melhor com a NVIDIA, e é também uma placa gráfica compatível com outras moedas criptográficas.

Para definir o tipo de placa gráfica deve sempre pensar no tipo de moeda criptográfica que pretende extrair, no caso de continuar com a intenção de extrair Zcash, pode tentar as melhores placas gráficas NVIDIA como a GTX 1060 pelo seu preço ou a GTX 1070 pela sua potência mineira, mas se quiser extrair no último nível deve escolher a GTX 1080 Ti.

7. Riser

O riser é também o que precisa para formar uma plataforma mineira, isto juntamente com outros itens deve ser adquirido, sob a concentração que compra a versão 6 deste tipo de acessório, enquanto ainda avaliando o tipo de características que fornece, a protecção é também um bem útil.

O investimento global de todos estes aspectos é de cerca de 3.000 euros, mas tem um retorno do investimento estimado em seis meses, mas tudo depende do valor das moedas criptográficas, sem deixar de lado que um mês pode ser mais produtivo que outro, e o cuidado do equipamento para o manter fresco.

Os truques para minar Monero através do seu computador

O aparecimento da exploração mineira Monero é curioso, porque é uma das minas que ainda pode ser feita por uma CPU ou processadores, por isso é uma alternativa simples em comparação com o mercado mineiro mais vasto lá fora, por isso é uma boa oportunidade para começar.

A extracção deste tipo de moeda digital vai ajudá-lo a familiarizar-se com o ambiente desta actividade, é uma aventura com muita motivação porque Monero é uma das 20 melhores moedas criptográficas actualmente, graças ao seu projecto que apresenta qualidades de escalabilidade.

Começar em qualquer tipo de exploração mineira requer um compromisso de aprender e melhorar, por isso, antes de começar, é necessário considerar que se trata de um investimento de tempo, e é necessário cumprir algumas medidas especiais que fazem parte deste tipo de actividade, um desses aspectos é o domínio técnico deste tipo de processo.

Por outro lado, deve ter uma fonte de fornecimento de energia rentável, uma vez que o processo de mineração requer uma procura contínua de energia, pelo que o processo de mineração requer investimento para fornecer a energia necessária para ganhar recompensas.

Cuidar do equipamento informático também é uma medida útil, e libertando-se das pressões, é melhor começar a mineração com uma visão muito mais aberta do que acontece sem antecipar os resultados, mas é sempre possível aprender a tomar nas suas próprias mãos a possibilidade de gerar recompensas na mineração.

Em primeiro lugar, ao escolher este tipo de mineração, deverá ter instalado o software de mineração mais recomendado, como o GNU/Linux, uma vez que tem código fonte aberto e que, por sua vez, diminui os problemas de vírus ou quaisquer outras vulnerabilidades, mas pode utilizar o Windows como uma forma fácil de começar.

- **A utilização do algoritmo RandomX**

O desenvolvimento da mineração requer conhecimento do desenvolvimento do algoritmo RandomX, porque não requer nenhuma máquina especial como ASIC, pelo que é uma vantagem para mais pessoas se envolverem, este é um algoritmo responsável por integrar a aleatoriedade nos processos que são geridos na mineração.

Estes tipos de funções dificultam a fabricação de dispositivos ASIC que diminuem a descentralização do ecossistema de moedas criptográficas.

- **Os requisitos para a exploração mineira Monero**

A primeira coisa em que deve pensar ao procurar fazer parte deste tipo de mineração, é no equipamento informático porque é o que servirá para realizar a actividade principal da mineração, este tipo de equipamento pode ser um PC, um portátil ou um portátil profissional, o importante é que pode trabalhar 24 horas por dia, 7 dias por semana.

Da mesma forma, quando tiver as melhores características técnicas, terá um desempenho de mineração muito melhor, o mínimo que deve implementar é um CPU que tenha um sistema operativo de 64 bits, seja Windows ou GNU/LINUX, que tenha 4 fios de CPU ou núcleo, 4 GB de RAM, combinado com uma boa ligação de banda larga.

O equipamento deve ter um software especializado de mineração Monero, o mais fácil e mais frequentemente utilizado é o XMR-Rig, e também deve ter uma carteira Monero para receber os depósitos que fazem parte da actividade mineira.

- **Os passos para a exploração mineira em Monero**

Para poder participar neste processo sem quaisquer problemas ou confusão, pode seguir este passo básico até completar este processo:

1. **Crie a sua carteira**

A primeira coisa que deve fazer é criar uma carteira Monero, para que os depósitos não sejam uma complicação e possam ser seguros, para que tenha a tranquilidade de que a actividade mineira não será em vão, para isso pode usar a carteira oferecida pelo site oficial de Monero, basta entrar na secção de Downloads, e seleccionar a Carteira GUI.

Quando estiver nessa secção, deve prestar atenção aos requisitos de ter o Windows 64 bits, porque só funciona com um sistema de 64 bits, por isso, se não o cumprir, significa que o seu PC não suportará o desenvolvimento do software, mas se o tiver, só tem de seguir as instruções no sítio Web para formar a carteira.

2. **Iniciar a carteira**

Uma vez descarregada a carteira, basta executá-la para seleccionar a língua, e depois clicar em continuar, para seleccionar o modo de execução em que a carteira estará, pode ser o modo simples que utiliza a carteira como custódia e se liga a outros nós, ou o modo bootstrap que realiza a criação de um nó local que armazena a cadeia de bloqueio.

Finalmente, existe o modo avançado, este destina-se a proporcionar mais funcionalidade, é uma expansão da mineração, permite-lhe criar a sua própria carteira, e depois fornecer-lhe os dados da frase semente, esse tipo de dados deve ser bem armazenado com precisão, se os perder está a conceder acesso à sua carteira.

Depois de anotar esse tipo de dados, pode clicar em create wallet key, onde deve escolher algo que não se esqueça, para proceder à instalação por defeito, cumprindo todas as definições, dessa forma irá configurar a carteira para a manter a funcionar.

O processo de sincronização é uma medida que pode ser configurada para que tenha tudo actualizado, esta etapa é concluída automaticamente e não tem de se preocupar com nada.

3. **Descarregar software de mineração**

O download do software é o que abre o caminho para a actividade mineira, porque o equipamento informático vai ser instalado para que tenha o seu próprio centro mineiro ou espaço mineiro, através da XMR-Rig, graças à natureza de fonte aberta deste tipo de programa pode encontrar toda a documentação para descarregar.

A configuração do programa pode ser realizada sem qualquer problema, e permite-lhe ter os seus ganhos ao mesmo tempo, o que tem de visualizar é o tipo de versão de que necessita, tudo depende do sistema operativo que utiliza.

4. Escolher piscina mineira

Tendo coberto tudo o acima exposto, é altura de seleccionar a piscina onde quer extrair, para realizar este passo, deve considerar que este servidor está perto da sua localização para seguir a mesma linha de desempenho sem problemas, porque uma piscina deve manter uma actividade mineira estável.

As falhas na entrega de pacotes são o que ninguém procura ou espera numa piscina, por essa razão a melhor coisa que pode fazer é ser realista para assumir a piscina que melhor lhe convém para ter lucro, pode entrar em moneropools.com para ler uma lista de piscinas mineiras.

5. Ajustar o software de mineração

Este passo é próximo da aventura mineira, basta entrar na secção do assistente de configuração para realizar alguns passos chave, primeiro, tem de clicar em "Nova configuração", depois em "Adicionar piscina", dessa forma pode escolher apoio se colocar uma piscina errada e depois na opção personalizada.

Quando coloca a opção personalizada porque não obtém o pool, surge um menu pendente para introduzir os dados completos que pode solicitar ao pool para entrar no pool, no caso de necessitar de mais apoio deve escolher supportXRM para completar a informação da carteira e o nome do trabalhador como um tipo de identificação.

Portanto, pode realizar a opção backend para indicar a forma como quer extrair, sendo Monero nessa parte deve colocar "CPU", depois no final pode ter a configuração final que lhe permite utilizar o pool seleccionado com as opções definidas de modo a que o dinheiro gerado vá directamente para a carteira.

- **Em caso de instalação do mineiro**

Uma forma fácil de configurar o XMRig para funcionamento ininterrupto é através do ficheiro config.json que foi concebido para este fim, basta abrir o ficheiro usando um editor de texto ou bloco de notas, depois apagar o conteúdo e copiar o conteúdo fornecido pelo XMR Wizard.

Uma vez completados estes passos, tudo o que tem de fazer é clicar duas vezes na opção xmrig executável para iniciar a mineração sem qualquer problema.

6. Optimiza o equipamento mineiro

Este é um passo que os utilizadores avançados compreendem melhor, mas pode dedicar-se a aprender como optimizar o seu CPU, uma vez que isto lhe permite fazer melhor em termos de desempenho, o essencial é que a aplicação de mineração siga linhas de comando, que podem ser modificadas para seguir certos comandos que não estão pré-configurados.

Este tipo de alternativa varia muito dependendo da potência do seu computador, por isso começará a ver os frutos ou resultados da sua actividade mineira num curto período de tempo, uma vez que estará a aumentar o seu desempenho.

Por esta razão a exploração mineira Monero é apresentada como uma das mais simples, em comparação com outras moedas criptográficas a adaptação do equipamento são passos mínimos, mas deve ter sempre em mente que a exploração mineira por si só não é uma alternativa rentável, pelo que fazer parte de uma piscina é uma resposta melhor.

A extracção de Bitcoin é difícil?

Actualmente existe um limite finito que faz parte do Bitcoin, estes são criados pelos mineiros, quer através de indivíduos ou algumas empresas que possuem hardware de mineração, pelo que os mineiros recebem recompensas pelo seu trabalho através da própria moeda criptográfica.

Mas para se obter qualquer nível de lucro é necessário implementar o poder, uma vez que se ganha mais dinheiro com a mineração a uma maior capacidade, a mineração deste tipo requer máquinas especializadas como as ASIC, uma vez que são elas que irão efectuar os cálculos computacionais.

A função de mineração de bitcoin segue também um sistema descentralizado, pelo que a mineração procura assegurar que cada transacção seja verificada, para que se possa evitar qualquer tipo de pagamento relacionado com fraude, mas tudo isto requer poder para que a mineração de bitcoin seja útil e seja medida sob hash por segundo ou hashrate.

A complicação da mineração Bitcoin baseia-se no facto de mais computadores estarem integrados na rede mineira e isto aumenta a capacidade computacional da rede, este tipo de caminho aumenta a concorrência e faz com que seja difícil encontrar a recompensa, a dificuldade de fazer qualquer cálculo é que a possibilidade de obter blocos ocorre a cada 10 minutos.

No caso de serem criados novos blocos em menos de dez minutos, como foi a média em 2016, estes são automaticamente reiniciados, o que aumenta a complexidade dos puzzles, razão pela qual a escolha de outro tipo de moeda criptográfica pode ser uma solução para esta questão.

www.ingramcontent.com/pod-product-compliance
Lightning Source LLC
Chambersburg PA
CBHW070118230526
45472CB00004B/1312